Moussa Lahouam

Typhon d'Al-Aqsa: une résurgence de l'espoir

Moussa Lahouam

Typhon d'Al-Aqsa: une résurgence de l'espoir

Quand la tempête ravive la lumière sur la cause palestinienne négligée : essais et réflexions

Éditions Muse

Imprint
Any brand names and product names mentioned in this book are subject to trademark, brand or patent protection and are trademarks or registered trademarks of their respective holders. The use of brand names, product names, common names, trade names, product descriptions etc. even without a particular marking in this work is in no way to be construed to mean that such names may be regarded as unrestricted in respect of trademark and brand protection legislation and could thus be used by anyone.

Cover image: www.ingimage.com

Publisher:
Éditions Muse
is a trademark of
Dodo Books Indian Ocean Ltd. and OmniScriptum S.R.L publishing group

120 High Road, East Finchley, London, N2 9ED, United Kingdom
Str. Armeneasca 28/1, office 1, Chisinau MD-2012, Republic of Moldova, Europe
Printed at: see last page
ISBN: 978-620-4-97171-1

MOUSSA LAHOUAM

Typhon d'Al-Aqsa: une résurgence de l'espoir

Quand la tempête ravive la lumière sur la cause palestinienne négligée : essais et réflexions.

PC

27/12/2023

Sommaire

Chapitre I : Présentation et Contextualisation 4

Dédicaces

Préambule

Chapitre II : Racines Historiques du Conflit Israélo-Palestinien 7

Essai I : Les ombres du conflit israélo-palestinien, un regard sur la colonisation controversée

Essai II : Israël, un conflit complexement enchevêtré entre religion, histoire et géopolitique

Essai III : Le destin émotionnel des Palestiniens entre histoire et luttes

Essai IV : L'impact dévastateur du colonialisme européen, du Nouveau Monde à la Palestine

Essai V : Ombres impériales, les conflits hérités de l'empire britannique et leurs échos persistants à travers le monde

Chapitre III : Acteurs et Dynamiques Internationales 16

Essai VI : L'ONU et la quête délicate de l'équilibre international

Essai VII : Éveil des consciences et l'écho de la résistance, la symphonie discordante du Typhon d'Al-Aqsa

Essai VIII : Entre fraternité humanitaire et stratégie politique, les acteurs régionaux du conflit israélo-palestinien

Essai IX : L'évolution complexe de l'islam politique et les conséquences des manipulations occidentales

Essai X : Solidarité indéfectible, l'engagement algérien envers la cause palestinienne

Chapitre IV : Stratégies Politiques et Influence Mondiale 23

Essai XI : Machiavélisme contemporain, analyse des stratégies politiques aux États-Unis et en Israël

Essai XII : Éveil des consciences et l'écho de la résistance, la symphonie discordante du Typhon d'Al-Aqsa

Essai XIII : Parallèle historique, Gaza et Stalingrad

Essai XIV : L'empreinte tyrannique de Benjamin Netanyahu dans les annales historiques

Essai XV : Échos de conflits, la quête illusoire de Netanyahu dans le nord de Gaza

Chapitre V : Droits et Injustice 28

Essai XVI : Démocratie en disgrâce, les droits palestiniens éclipsés

Essai XVII : Voiles de tromperie et horreurs dissimulées, les efforts camouflés des États-Unis et les récits éclipsés de la tragédie

Essai XVIII : Échos de Typhon d'Al-Aqsa, entre l'opulence et l'obscurité de la solidarité mondiale

Essai XIX : Éclat de la vérité face aux ombres de la désinformation

Chapitre VI : Résilience et Perspectives d'Avenir 33

Essai XX : L'écho d'un veto, histoire, violence et manipulation politique

Essai XXI : Épopée de résilience, l'éclat héroïque au cœur de la lutte

Essai XXII : Les gardiens de l'obscurité, opérations spéciales émergentes et résistance héroïque

Essai XXIII : Les deux visages du conflit en terre contestée

Essai XXIV : Héroïsme et indifférence, un regard sur deux mondes

Essai XXV : Échos d'injustice, tissage de perspectives face à l'horreur

Essai XXVI : Le mirage de la justice, une montagne qui enfantait une souris

Essai XXVII : Entre l'éclat trompeur des libertés et la réalité contraignante des médias

Essai XXVIII : Vers une justice internationale renouvelée, leçons du passé, appels du présent

Essai XXIX : L'éternelle résilience : Un plaidoyer vibrant pour la justice au cœur du conflit palestinien

Chapitre I : Présentation et Contextualisation

Dédicaces

Il me tient particulièrement à cœur de dédier ce recueil actuel, le deuxième dans le cadre de ma modeste exploration en tant qu'écrivain, intitulé "Typhon d'Al-Aqsa: une résurgence de l'espoir", à la mémoire de ma mère bien-aimée, Hadja Yamina, que Dieu ait son âme. Sa persévérance et son dévouement infatigable ont joué un rôle déterminant dans mon parcours éducatif, de mes premiers pas dans l'apprentissage de l'alphabet à la conclusion de mes études universitaires.

Je ne saurais faire fi de rendre hommage à ma grand-mère défunte, El-Yamna, dite Zeghouda ainsi qu'à mon grand-père Tayeb pour m'avoir encouragé et motivé dès ma tendre enfance. Par la même occasion, je souhaiterais exprimer ma reconnaissance envers la famille généreuse qui m'a accueilli au début de mon parcours scolaire, à savoir Louem Messaoud dit Saou, malgré sa situation très précaire.

Je tiens également à exprimer ma profonde gratitude envers mon père, que Dieu le préserve, pour son soutien indéfectible tout au long de mon parcours.

Je ne peux oublier d'adresser mes remerciements les plus sincères à l'ensemble de mes enseignants qui, à chaque étape de mon apprentissage, ont su me transmettre l'art de la lecture et partager leur savoir avec moi.

En ultime instance, je consacre humblement ce recueil à l'égard de tous les esprits éclairés, qu'ils se réclament de la foi juive, chrétienne ou musulmane, et dont la connaissance intégrale des faits entourant la question palestinienne demeure encore à parfaire. J'exprime d'ores et déjà ma reconnaissance pour l'honneur qu'ils daigneront accorder à la lecture de ces essais, portant l'espoir qu'ils puissent élucider ce qui demeure voilé à leurs regards.

Moussa LAHOUAM

Préambule

Chères lectrices, chers lecteurs,

C'est avec une profonde conviction que je vous invite à pénétrer l'univers de ce recueil d'essais, une plongée réfléchie au cœur des tourments qui affligent le Moyen-Orient, plus spécifiquement une méditation approfondie sur la tragédie poignante qui se dévoile dans les replis d'une Palestine meurtrie.

Nullement une réaction passionnée face aux méfaits incessants perpétrés en ces terres, minute après minute, heure après heure, mais plutôt une entreprise déterminée visant à dissiper le voile qui occulte la vérité, souvent dissimulée par les médias occidentaux, peut-être même les vôtres. Nous avions tous foi en leur neutralité, en leur capacité à rapporter les événements avec l'objectivité et le réalisme dignes de leur noble mission, une croyance sérieusement ébranlée par les faits mondiaux des dernières années, mettant en lumière leur imposture.

Ce que traverse actuellement Gaza s'inscrit dans une longue lutte entre le droit et l'injustice, une épopée d'un peuple colonisé, dépouillé de ses droits par la force, luttant ardemment pour forger son destin et son indépendance sur des terres reconnues par les lois internationales et consacrées par l'ensemble des nations du globe. En face, une entité coloniale résolue à défier ces lois, soutenue par la protection des États-Unis et d'autres nations occidentales, telles des satellites gravitant dans son sillage.

Il est crucial de souligner que la question soulevée ici ne revêt en aucun cas la forme d'une guerre contre les citoyens juifs, qui ont, pendant des siècles, coexisté harmonieusement parmi les musulmans jusqu'à ce que les tourments nazis en Europe les frappent de plein fouet. Leur absolution a été obtenue lorsque l'Angleterre impériale leur a cédé une terre qui ne leur appartenait pas, la Palestine, amorçant ainsi le début d'une histoire complexe et déchirante. A travers ces essais, je vous convie à explorer ces intrications, à plonger dans les méandres de cette réalité poignante qui, bien que marquée par des drames, demeure porteuse d'une quête persistante de justice et de liberté.

L'auteur

Chapitre II : Racines Historiques du Conflit Israélo-Palestinien

Essai I : Les ombres du conflit israélo-palestinien, un regard sur la colonisation controversée

Au sein des tumultes du XXe siècle, se dessine un drame poignant et fascinant, composé de moments déchirants et de tragédies inoubliables : le conflit israélo-palestinien. Cette séquence temporelle obscure s'entrelace avec d'énormes déplacements dévastateurs, des violences historiques insoutenables et des massacres tragiques, plongeant ainsi les populations palestiniennes dans le deuil. Les emprisonnements massifs de militants palestiniens, sans chefs d'inculpation apparents, marquent également cette tragédie, laissant une empreinte indélébile dans la région. Les pages de ce recueil tumultueux sont marquées par des opérations secrètes sinistres et des violations déchirantes des droits de l'homme, mettant en lumière l'ampleur des souffrances humaines. Au cœur de ce récit émerge la délicate question de la colonisation des terres palestiniennes par des juifs venus des quatre coins du monde, ajoutant une dimension émotionnelle poignante à cette fresque d'injustices. À travers ces essais, je m'aventurerai à démêler les fils entrelacés de cette tragédie persistante, scrutant les ombres du désespoir pour éclairer les voies d'une éventuelle résolution.

Diaspora persistante après la Nakba (1948)

L'éclosion d'Israël en 1948 a déclenché la Nakba, un cataclysme qui a propulsé les palestiniens dans une diaspora poignante. Les statistiques déchirantes de cette époque révèlent que des centaines de milliers d'autochtones ont été contraints à l'exode, dispersés de la Cisjordanie à Gaza, du Liban et au-delà [Jones, 2010]. Ces réfugiés, témoins vivants de la Nakba, portent sur leurs épaules le fardeau des déplacements forcés, marquant ainsi la profondeur de cette tragédie humaine. La colonisation qui a suivi a exacerbé cette situation déjà précaire, étendant la diaspora et laissant derrière elle des communautés déchirées et des familles brisées. Comprendre l'ampleur de ces déplacements forcés est essentiel pour saisir la complexité de la situation actuelle, marquée par des tensions persistantes et des aspirations contradictoires [Johnson, 2021].

Épisodes tragiques de violences (De 1948 à nos jours)

Le conflit israélo-palestinien est tissé de tragédies, du massacre de Deir Yassin en 1948 aux horreurs de Sabra et Chatila ainsi que les massacres de Kana [Anderson, 2008]. Les récents génocides à Gaza ont mis en lumière les défis persistants de la coexistence, accentués par l'ombre de la colonisation. Ces événements sinistres ont pris pour cible des infrastructures civiles vitales, impactant cruellement des milliers de civils, principalement des enfants, des femmes et des personnes âgées. Parmi les forfaits humanitaires les plus abjects, se distingue l'assassinat de journalistes, dont la regrettée Cherine Abou Akla d'Al Jazeera, victime de la froide précision d'un tireur d'élite israélien. Ces tragédies contemporaines soulignent de manière poignante la nécessité impérieuse de comprendre et de résoudre les dilemmes complexes pour construire un avenir où la paix et la justice prévaudront sur la douleur et la souffrance.

Controverses entourant les opérations des services secrets israéliens (Depuis les années 1960)

Les actions du MOSSAD, notamment au cours de l'opération "Colère de Dieu" en 1973, ont engendré une controverse éclairante sur l'échiquier du conflit israélo-palestinien [Green, 2014]. L'assassinat marquant de Khalil El Ouazir (Abou Djihad) et le siège de Yasser Arafat en 2004 constituent des témoignages poignants de la brutalité exercée contre les figures palestiniennes clés [Jones, 2017]. Ces événements soulignent la complexité et la violence inhérente à la lutte pour le pouvoir et le contrôle territorial, aggravant les tensions et compliquant la quête de solutions pacifiques. La nature secrète de ces opérations, associée au refus israélien de permettre toute enquête approfondie, soulève des interrogations sur la transparence et la responsabilité, alimentant les divisions et soulignant l'impératif d'une approche inclusive et transparente [Williams, 2020].

Persistance des violations des droits de l'homme (depuis les années 1960)

Depuis les années 1960, la Cisjordanie se trouve au cœur d'une préoccupation constante liée aux atteintes répétées aux droits de l'homme, mettant en lumière des interrogations profondes quant aux garanties légales dans un contexte de confrontations tumultueuses et de recours à la loi administrative, le tout exacerbé par la colonisation. Ce constat tragique se manifeste dans les violences régulières infligées par les forces israéliennes envers les Palestiniens, créant un climat de terreur quotidienne [Smith, 2019]. La brutalité atteint son paroxysme lorsque, même blessés, les palestiniens se voient refuser l'accès aux ambulances, les condamnant ainsi à une issue souvent fatale. L'horreur s'aggrave avec la destruction tyrannique des habitations des parents des militants, ajoutant une dimension déshumanisante à cette réalité déjà tragique. À Jérusalem, le lieu saint de la mosquée d'Al-Aksa devient le théâtre de tensions interreligieuses, exigeant une attention urgente et une action concertée de la part de la communauté internationale.

Réplique actuelle à Gaza et ses répercussions (Octobre 2023)

La funeste réplique à Gaza, en réaction à l'opération "Typhon d'Al-Aqsa", résonne tel un drame humanitaire aux ramifications étendues, implorant une intervention immédiate pour mettre fin à ce chapitre sombre de l'histoire contemporaine. Au 21 décembre 2023, le décompte des civils palestiniens sacrifiés lors des bombardements incessants de l'armée sioniste a atteint un bilan sinistre, dépassant les 20 000 âmes [Jones, 2023]. Les organisations humanitaires rapportent des pertes humaines parmi leurs équipes dévouées, accompagnées d'une destruction inouïe de leurs équipements et moyens [Miller, 2023]. Les autorités coloniales ont instauré un embargo impitoyable sur la bande de Gaza, privant délibérément la population d'électricité, de gaz et d'eau, tout en entravant l'arrivée de produits alimentaires et médicaux [Williams, 2023]. Cette réalité s'impose comme un cri d'injustice et de désespoir transcendant les frontières géographiques.

Typhon d'Al-Aqsa : Un réveil mondial pour la question palestinienne

L'opération Typhon d'Al-Aqsa a agi comme un réveil retentissant, ramenant la question palestinienne à l'avant-scène internationale. Longtemps reléguée au second plan malgré les résolutions de l'ONU et les accords tels qu'Oslo, cette question cruciale a trouvé une nouvelle visibilité. Le refus persistant de l'État hébreu, soutenu par les États-Unis et toléré par de nombreux pays occidentaux, a contribué à son oubli. Cependant, Typhon a été un rappel puissant de l'injustice persistante, attirant l'attention mondiale.

Les conflits en Ukraine et à Taiwan ont, certes, monopolisé l'attention, mais Typhon a révélé la fragilité de l'équilibre régional au Moyen-Orient. Les marches populaires dans différentes villes du globe ont contraint les médias de se pencher sur la situation, remettant en question la complaisance occidentale. Ainsi, la question palestinienne, longtemps éclipsée, a trouvé un nouvel élan, rappelant aux acteurs internationaux leur responsabilité dans la recherche d'une solution équitable.

Cependant, il reste à voir si cette prise de conscience sera durable ou si d'autres événements mondiaux continueront à occulter cette question brûlante. Le défi réside maintenant dans la transformation de cette attention renouvelée en actions concrètes pour résoudre le conflit et garantir les droits fondamentaux des palestiniens.

Appel des lois onusiennes (Depuis 1948)

Depuis 1948, les résolutions successives de l'ONU ont martelé l'impérieuse nécessité du retrait israélien des territoires palestiniens et du retour des déportés, mettant en relief l'indispensable aboutissement d'une résolution équitable et pérenne du conflit. Néanmoins, la persistance des obstacles imposés par Israël expose les défis concrets liés à la concrétisation de ces résolutions, fréquemment entravée par des contentieux liés à la question de la colonisation. Ces normes onusiennes aspirent à établir un équilibre en reconnaissant les droits et les revendications des parties impliquées tout en favorisant une résolution juste et durable du conflit israélo-palestinien [Jones, 2015]. Un autre chapitre de cette histoire s'inscrit dans le processus de paix d'Oslo, accepté par le leader Yasser Arafat et le Premier Ministre israélien Isaak Shamir [Anderson, 1998]. Cependant, ce processus fut brutalement interrompu, illustrant les tensions et les enjeux complexes qui ont entravé la quête d'une solution pacifique dans cette région tourmentée.

Conclusion

La compréhension nuancée de la complexité des déplacements, des violences, des opérations secrètes, des droits de l'homme, des événements actuels à Gaza et des implications des lois onusiennes est cruciale pour aborder l'évolution du conflit israélo-palestinien, tout en reconnaissant l'ombre persistante de la colonisation. Une résolution pacifique nécessite une approche équilibrée, fondée sur le dialogue et le respect des droits de chaque partie, en tenant compte des nuances de cette colonisation controversée.

Essai II : Israël, un conflit complexement enchevêtré entre religion, histoire et géopolitique

L'exceptionnalité des états intrinsèquement liés à une foi trouve son illustration par excellence dans le cas du Vatican. À l'inverse de cette singularité, la plupart des nations, depuis les premières lueurs des civilisations, se structurent autour de citoyens aux origines ethniques et raciales variées. Les juifs, autrefois dispersés entre la péninsule arabique, l'Espagne, le nord de l'Afrique et les États-Unis, menaient une existence citoyenne ordinaire, à l'instar des autres groupes ethniques [Smith, 2008]. Cependant, lors des deux conflits mondiaux (la première et la deuxième guerre mondiale), ils furent contraints à l'exode par les Européens, suscitant des réflexions sur la nécessité de leur offrir un état, une idée qui prit forme lors des délibérations cruciales autour de la promesse de Balfour [Brown, 2015].

Historiquement, la diaspora juive a façonné la dispersion mondiale de cette communauté. Le choix final de la Palestine parmi d'autres options initiales telles que l'Ouganda et l'Argentine révèle que cette terre n'était nullement la terre promise que les juifs prétendaient, mais plutôt une question de géopolitique et d'intérêts occidentaux, particulièrement après la découverte du pétrole dans le golfe arabe, donnant lieu à un conflit territorial complexe [Davis, 2012]. Ces aspirations entrent en conflit avec les droits historiques des Palestiniens, profondément enracinés dans la région depuis des siècles. Le début du XXe siècle a marqué l'avènement de ce conflit, qui persiste à susciter des tensions régionales aux ramifications internationales [Jones, 2021].

L'émergence d'Israël sur des terres étrangères a engendré d'importantes répercussions à l'échelle mondiale sur le plan géopolitique. À l'heure actuelle, les dynamiques des relations internationales dans la région demeurent empreintes de tension, exigeant la mise en œuvre d'une diplomatie subtile afin d'atténuer les antagonismes [Green, 2020].

En somme, la genèse d'Israël constitue une trame complexe entrelaçant religion, histoire et géopolitique. La résolution de cette erreur majeure, consistant en sa création sur des terres légitimes d'autrui, requiert une analyse approfondie des paramètres en jeu. Ce processus doit prendre en considération la diversité culturelle et religieuse, tout en abordant les droits historiques profondément enracinés des Palestiniens dans la région depuis des temps immémoriaux.

Essai III : Le destin émotionnel des palestiniens entre histoire et luttes

L'épopée des Palestiniens se déroule au sein d'une riche fresque culturelle, tissée au fil des siècles. Leur présence immémoriale sur cette terre convoitée transcende les millénaires, révélant une identité solidement enracinée qui résiste aux épreuves du temps [Said, 1981]. Les vestiges archéologiques et les pages de l'histoire attestent de leur existence bien avant les frontières tracées par les puissances coloniales au XXe siècle [Khalidi, 1997].

Autrefois désignés par des termes évocateurs tels que Cananéens et Philistins, les ancêtres des palestiniens ont été les gardiens de leur territoire à travers les ères. Leur présence a contribué à sculpter la riche mosaïque culturelle de la région bien avant notre ère, dévoilant une continuité historique d'une valeur inestimable [Masalha, 2018].

Le tumulte du XXe siècle a vu l'émergence d'Israël en 1948, provoquant le déracinement massif des Palestiniens et inaugurant la Nakba, une tragédie poignante ouvrant les portes à leur exode. Les résolutions de l'ONU, en particulier la résolution 194, ont évoqué le droit au retour des réfugiés palestiniens, une promesse demeurée en suspens et peinant à se concrétiser [Finkelstein, 2003].

Malgré les droits internationaux et les résolutions onusiennes condamnant fermement l'occupation, les palestiniens demeurent captifs du joug israélien. Des moments charnières, tels que la guerre des six jours en 1967, ont soumis les territoires palestiniens de la Cisjordanie, de Gaza et d'Est Jérusalem à l'emprise israélienne [Pappe, 2006].

La prolifération de colonies israéliennes, en dépit des résolutions 242 et 338 du Conseil de sécurité de l'ONU, a attisé les tensions, érodant les perspectives de paix. Les accords d'Oslo dans les années 1990, précurseurs d'une ère de coexistence en deux états, ont été entravés par des obstacles politiques et territoriaux, laissant les Palestiniens sur la corde raide de la précarité [Roy, 2015].

Malgré les initiatives internationales, l'occupation persiste, pesant lourdement sur la vie quotidienne du peuple palestinien, restreignant sa liberté et sapant ses droits fondamentaux. Les soubresauts tels que les conflits à Gaza, notamment les massacres perpétrés par l'occupant sioniste contre les populations civiles, la destruction de l'infrastructure de base, l'embargo et les déplacements forcés, continuent de soulever des interrogations cruciales sur la justice et les droits de l'homme [Human Rights Watch, 2020].

Ainsi, l'existence contemporaine de ce peuple sur son sol s'entrelace inextricablement avec son histoire agitée. Les défis actuels appellent à une méditation profonde sur les droits, la justice et la coexistence, rappelant l'impérieuse nécessité d'une résolution politique équitable, respectueuse des droits de tous les acteurs engagés dans cette tragédie humaine.

Essai IV : L'impact dévastateur du colonialisme européen, du Nouveau Monde à la Palestine

A la fin du XVe siècle, l'expansion coloniale européenne s'étendit en Amérique sous la direction d'explorateurs tels que Christophe Colomb. Cette expansion a permis aux européens de s'approprier les riches terres en ressources naturelles du Nouveau Monde, bien que leur prétention de le considérer comme "nouveau" était inexacte, car les civilisations amérindiennes existaient depuis des millénaires, comme en témoignent les vestiges mayas [Mann, 2006]. Malheureusement, les peuples autochtones d'Amérique (les Indiens) ont enduré d'immenses souffrances, étant victimes de violences, de maladies nouvellement introduites, de politiques de déplacement voire d'éradication, ce qui a entraîné un dépeuplement significatif, la privation de leurs droits et de leur patrimoine culturel, ainsi que leur asservissement forcé dans des travaux de servitude [Stannard, 1992].

Après l'établissement des européens en Amérique et l'avènement de l'ère industrielle, des milliers d'africains ont été importés en tant qu'esclaves, arrachés à leur terre natale africaine pour être asservis à des travaux forcés, notamment dans le chemin de fer et l'agriculture. Ce système brutal d'esclavage a infligé d'énormes souffrances aux populations africaines, contraintes par la force à travailler sur le sol américain, laissant des cicatrices profondes dans l'histoire du continent [Johnson, 1999].

Cette période historique est une étape cruciale dans l'évolution du monde et demeure un élément indissociable de l'histoire de l'Amérique, de l'Afrique et de l'Asie, nous rappelant la nécessité impérieuse de comprendre les répercussions du colonialisme et de l'esclavage sur la configuration des sociétés et des cultures dans ces parties du monde.

En examinant le présent, nous constatons une répétition du colonialisme et de l'exploitation, notamment en Palestine, particulièrement à Gaza. Les femmes, les enfants et les personnes âgées sont en train de subir un embargo brutal imposé par les occupants israéliens, sous les yeux du monde entier, qui dure depuis plus de seize longues années. Aujourd'hui, ils font face à des bombardements aériens, des obus d'artillerie et de chars, ainsi que des attaques maritimes. Les palestiniens de Gaza risquent même d'être anéantis par une bombe nucléaire, si l'on se fie aux déclarations du ministre israélien du patrimoine. Le conflit actuel reflète une histoire marquée par des tragédies dans la région, impliquant les mêmes Européens qui ont établi un état étranger sur ces terres après avoir accueilli des milliers de juifs, eux-mêmes victimes de persécutions en Europe durant la deuxième guerre mondiale (l'Holocauste). Ils ont ensuite tenté de résoudre cette crise en offrant à ces personnes un nouveau territoire aux dépens du peuple palestinien.

Il est essentiel de noter que les européens, se présentant comme défenseurs de l'humanité et des droits de l'homme, sont également les seuls à avoir fait usage d'armes de destruction massive dans l'histoire de l'humanité, du bombardement atomique de Hiroshima et Nagasaki à l'expérimentation d'armes nucléaires sur les populations algériennes, en passant par l'empoisonnement au gaz et la combustion des populations vietnamiennes au moyen d'armes chimiques (le napalm) [Hanhimäki, 1997]. Ces événements ont laissé des cicatrices profondes dans l'histoire de l'humanité et nous rappellent l'impératif de répudier la violence, de promouvoir la paix et les droits de l'homme à l'échelle planétaire.

Essai V : Ombres impériales, les conflits hérités de l'empire britannique et leurs échos persistants à travers le monde

Au sein de l'histoire mouvementée de l'Angleterre, cet empire où le soleil ne se couche jamais, émerge une conduite sujette à controverse, donnant naissance à des conflits mondiaux dont les séquelles perdurent dans l'écho de l'histoire.

Dès lors, le tragique problème du Cachemire se dessine comme un poignant exemple des répercussions des agissements impériaux. Lors de la partition de l'Inde en 1947, orchestrée par les britanniques, des racines profondes de dissension ont été plantées entre l'Inde et le Pakistan autour du Cachemire, un territoire riche en ressources et d'une importance stratégique incontestable. Les séquelles de ces choix politiques pendant la période coloniale continuent d'alimenter des tensions inextricables [Chester, 2010].

De manière tout aussi saisissante, dans le contexte du Moyen-Orient, la déclaration Balfour de 1917 a jeté les bases d'une crise persistante en Palestine. La promesse d'un "foyer national juif" en Palestine a allumé le feu des tensions entre les communautés juive et arabe, attisé par des politiques britanniques perçues comme partiales. La création de l'État d'Israël en 1948 a déclenché des hostilités durables, contribuant à la complexité infinie du problème palestinien [Khalidi, 2006].

En parallèle, le sud de l'Afrique, touché par l'ombre impériale britannique, a connu des conflits profonds liés à la colonisation. La ruée vers les ressources, en particulier l'or et les diamants, a engendré des guerres et des politiques discriminatoires telles que l'apartheid en Afrique du Sud. L'héritage de ces actions impérialistes résonne encore dans les défis sociaux et politiques persistants de la région [Mamdani, 1996].

Ainsi, il est indéniable que l'empire britannique, tout en déployant ses vastes sols sous un soleil sans fin, a laissé dans son sillage des conflits irrésolus qui continuent de modeler le destin de nations entières. Les ombres impériales, projetées par les décisions passées de l'Angleterre, sont des rappels émotionnels constants de la nécessité urgente de comprendre et de traiter les conséquences complexes de l'impérialisme sur la scène mondiale contemporaine.

Chapitre III : Acteurs et Dynamiques Internationales

Essai VI : L'ONU et la quête délicate de l'équilibre international

Depuis sa genèse en 1945, l'organisation des nations unies (ONU) s'est érigée en rempart de la paix et de la coopération mondiale, s'appuyant sur trois piliers fondamentaux : le conseil de sécurité, l'assemblée générale des nations unies et la cour pénale internationale. Cependant, malgré ces ambitions nobles, l'institution mondiale a dû affronter des défis substantiels qui ont terni son efficacité.

En dépit de son rôle crucial, le conseil de sécurité, composé de membres permanents investis du droit de veto, détient la lourde responsabilité de maintenir l'ordre international. Toutefois, cette structure même a été le théâtre d'entraves majeures, les vetos des grandes puissances paralysant souvent son action lorsque les intérêts nationaux entrent en jeu. Un paradoxe saisissant, car cet organe, conçu pour garantir la stabilité, peut être entravé par les caprices des puissances dominantes.

Quant à l'assemblée générale, forum de délibération mondiale, elle incarne la voix de chaque nation. Malgré son caractère démocratique, ses résolutions, dépourvues de force contraignante, réduisent son impact pratique dans les situations de conflit aigu [Jones, 2015]. Un dilemme intrinsèque, où la démocratie formelle se heurte à l'impératif de l'action décisive.

La cour pénale internationale (CPI), en charge de juger les criminels internationaux, s'est vue reprocher une sélectivité troublante dans ses poursuites. Cette critique porte sur l'incapacité de l'institution à traduire en justice des individus influents, générant ainsi une perception d'injustice qui érode sa légitimité [Brown, 2020].

Face à cette équation complexe, des interrogations surgissent sur la pertinence du conseil de sécurité, souvent paralysé par des intérêts nationaux divergents. Une proposition audacieuse émerge : conférer davantage de pouvoir à l'assemblée générale. Cependant, ce virage démocratique pourrait compromettre la réactivité nécessaire face aux crises aiguës, exposant ainsi la tension inhérente entre représentativité et efficacité.

Pour terminer, l'ONU se trouve à la croisée des chemins, cherchant le difficile équilibre entre représentation équitable et capacité d'action. La quête de réforme s'avère essentielle pour préserver l'intégrité de cette institution internationale, appelée à résoudre les conflits et à instaurer une paix durable sur la scène mondiale [United Nations, 2021].

Essai VII : La restreinte influence de l'implication arabe dans le conflit israélo-palestinien

Depuis l'avènement du conflit israélo-palestinien, les nations arabes ont assumé une position centrale, bien que leur impact dans la protection de la cause palestinienne demeure relativement inefficace. En 1947, l'Organisation des Nations Unies a avancé la proposition de partager la Palestine entre les Palestiniens et les Israéliens, mais les raisons diverses du rejet arabe trouvent leur fondement dans une réticence à partager des terres étroitement liées à leur identité intrinsèque [Nations Unies, 1947].

Les défaites de 1948 et 1967 contre Israël ont mis en lumière les lacunes de la stratégie militaire et diplomatique arabe. Malgré la présentation de la guerre d'octobre 1973 comme une victoire, des interrogations persistent quant à sa réelle portée dans le contexte du conflit global [Morris, 2008].

L'acceptation ultérieure des résolutions de l'ONU par les pays arabes s'explique par la faiblesse de leur position sur les plans militaire, économique et politique, ainsi que par des intérêts nationaux divergents et des alliances fluctuantes. La question palestinienne devient parfois un moyen pour ces nations de régler des contentieux internes, éclipsant l'objectif initial de soutien aux Palestiniens [Farsoun, 1997].

L'instrumentalisation de la cause palestinienne crée des divergences au sein du peuple palestinien, symbolisées par les mouvements distincts du Hamas soutenu par le Qatar et du Fateh appuyé par l'Arabie Saoudite, ainsi que le Djihad islamique parrainé par l'Iran. Cette fragmentation ouvre la porte à l'influence grandissante de la Turquie et d'autres puissances cherchant à étendre leur emprise au Moyen-Orient [Bar, 2020].

Cette position conduit certains pays arabes à formaliser des relations diplomatiques avec l'entité sioniste, considérées comme des actes de faiblesse et de soumission, puisque le colonisateur juif persiste dans l'occupation des terres arabes, notamment la Palestine, et refuse de reconnaître les résolutions onusiennes [Alpher, 2017].

Ainsi, la position des pays arabes face à la cause palestinienne, complexe et empreinte de motifs historiques, défaites militaires, rivalités internes et ingérences régionales, façonne un paysage géopolitique où la question palestinienne devient à la fois le cœur des aspirations arabes et un terrain d'affrontement pour des intérêts variés.

Essai VIII : Entre fraternité humanitaire et stratégie politique, les acteurs régionaux du conflit israélo-palestinien

Le flamboiement du soulèvement de 2007 orchestré par le mouvement du Hamas à Gaza marque l'aube d'une période tumultueuse. Israël, habile tacticien, a su capitaliser sur les divisions issues de ce conflit fratricide pour consolider sa position géopolitique et affaiblir davantage l'unité palestinienne.

Dans une démarche de solidarité humanitaire, le Qatar, avec l'approbation des dirigeants israéliens, a apporté un soutien financier généreux au Hamas, considéré comme le prolongement idéologique des frères musulmans, dont il est le parrain. Ces flux financiers, acheminés de diverses manières, tantôt à travers Rafah, tantôt via l'aéroport de Ben Gourion, ont agi comme une bouée de sauvetage pour la population palestinienne assiégée, privée de ses droits les plus élémentaires.

Cependant, derrière cette apparence bienveillante se dessine une dimension politique subtile. Sous les conseils qataris, les Israéliens, maîtres du jeu politique régional, ont permis l'entrée quotidienne de milliers de travailleurs de Gaza sur leur territoire. Cette manœuvre, loin d'être altruiste, vise à renforcer l'isolement de l'autorité palestinienne en Cisjordanie, ouvrant ainsi la voie à une politique de peuplement sur des terres palestiniennes toujours occupées.

Dans cette danse délicate entre solidarité et politique, la concrétisation d'un état palestinien, conforme aux résolutions internationales, semble compromise. Les sionistes, par leur habileté, ont sapé tout espoir d'une solution à deux états, érigeant ainsi un obstacle insurmontable aux aspirations légitimes du peuple palestinien.

Le Hamas, en réaction à des actes sionistes tels que des agressions, des assassinats de militants de tout âge et genre, l'établissement de colonies sur des terres palestiniennes occupées pour accueillir des émigrants juifs du monde entier, ainsi que des attaques contre les fidèles à la mosquée d'Al-Aqsa à Jérusalem et les chrétiens à l'église de Beit-Lahem, a délibérément choisi de s'armer par méfiance envers son ennemi israélien. Cette décision vise à assurer la protection contre les attaques répétées, particulièrement sur la bande de Gaza, tout en cherchant à exercer une pression sur les autorités coloniales. L'objectif est d'attirer l'attention internationale sur les droits des palestiniens. Cette intention a été tragiquement illustrée par l'opération "Typhon d'Al-Aqsa", survenue le 07/10/2023, engendrant des représailles qui ont malheureusement coûté la vie à des dizaines de milliers de civils.

Il est impératif d'analyser ce jeu d'échecs géopolitique avec un regard critique et nuancé. Comprendre l'histoire en cours dans la région nécessite de prendre en compte les intrications subtiles entre actions humanitaires et manœuvres politiques, et surtout, le colonialisme.

Essai IX : L'évolution complexe de l'islam politique et les conséquences des manipulations occidentales

Au cours d'un débat diffusé en direct sur la chaîne de télévision russe RT, un éminent membre d'un parti politique israélien a affirmé avec fierté que son pays, Israël, n'avait jamais été confronté à des défis posés par des organisations islamistes terroristes djihadistes. Cette déclaration semble être une preuve irréfutable que l'évolution complexe de l'islam politique, depuis ses débuts à l'aube de l'ère moderne, a mobilisé de nombreux musulmans, ainsi que leurs descendants, dans les nations arabes, musulmanes, et au-delà, les incitant à s'engager dans le jihad (Roy, 1994). Que ce soit pour obtenir la faveur divine, défendre leurs compatriotes, ou s'opposer aux régimes en place, ces engagements se sont manifestés tant dans leurs nations d'origine que dans d'autres. Cependant, cette évolution a engendré des conséquences inattendues, notamment la montée de groupes terroristes tels qu'Al-Qaïda, Daech, Boko Haram, et d'autres, résultant des manœuvres de puissances occidentales cherchant à déstabiliser des nations et à affaiblir des populations (Moghadam, 2008).

Au départ, ces entités ont suscité une profonde sympathie, notamment parmi les segments sociaux affectés par la misère et l'oppression des régimes existants, dans un contexte marqué par l'absence quasi totale de démocratie et de libertés d'expression. Toutefois, une fois parvenues au pouvoir, que ce soit par adhésion religieuse, vote sanction contre les pouvoirs en place, manipulations électorales, ou soutien des anciennes puissances coloniales, ces organisations ont instauré une répression intellectuelle brutale, ciblant particulièrement les femmes, les journalistes et les érudits, tout en s'impliquant dans des dissensions internes (Esposito & Voll, 1996). Le plus préoccupant réside dans leur indifférence totale envers les grandes questions liées aux valeurs authentiques de l'islam et à ses adeptes. Par exemple, elles ne réagissent pas aux souffrances du peuple palestinien sur ses terres reconnues par le droit international, ni aux actions de l'armée israélienne à l'encontre des Palestiniens, imposant un embargo sur toute la bande de Gaza, les privant d'eau, de nourriture, de médicaments, d'électricité, de carburant, de moyens de communication et d'internet, causant la mort de toute personne, qu'il s'agisse de femmes, d'enfants ou de personnes âgées (Giacaman et al., 2009). Toute l'infrastructure, comprenant les maisons, les lieux de culte, les hôpitaux et les écoles, est prise pour cible. Il semble que leur engagement se résume à la déstabilisation de leurs propres pays déjà fragiles.

Ces paradoxes politiques mettent en lumière les complexités et les dilemmes auxquels l'islam politique est confronté. En réalité, ces groupes auraient été délibérément manipulés par les puissances occidentales, qui les ont créés, alimentant ainsi le chaos et le conflit au sein de leurs patries. Leur objectif sinistre était de semer la discorde et de déstabiliser des pays souverains, sapant ainsi leur développement et leur unité. Ces manœuvres politiques cyniques ont conduit à des tragédies humaines incommensurables et à des divisions qui persistent encore aujourd'hui (Collins, 2004).

Essai X : Solidarité indéfectible, l'engagement algérien envers la cause palestinienne

L'Algérie, phare éclatant de solidarité, demeure le bastion indéfectible au sein des nations arabes, embrassant la cause palestinienne avec une détermination inaltérable. L'héritage de l'ancien président, Houari Boumediene, résonne puissamment dans l'histoire, proclamant que "l'Algérie se tient aux côtés de la Palestine, que cela soit justifié ou non."

Ce soutien singulier, loin d'être spontané, découle d'une histoire poignante. Le peuple algérien, façonné par un siècle et trente ans de colonisation impitoyable, a sacrifié des millions de vies en lutte contre l'occupation française. L'indépendance, arrachée en 1962, fut le fruit de ces sacrifices incommensurables.

Cette connivence historique transcende les frontières. Le peuple algérien, conscient et compatissant, partage l'agonie du peuple palestinien, victime d'un complot ourdi par les puissances impérialistes. Une responsabilité morale et fraternelle guide l'Algérie dans son devoir d'appui, dans l'attente que les droits spoliés des palestiniens soient pleinement rétablis.

Sur le plan politique, l'Algérie s'affirme au sein du mouvement des non-alignés. Elle a brillamment introduit feu Yasser Arafat aux nations unies dans les années 70, opérant un tournant historique en reconnaissant l'organisation de libération de la Palestine (OLP) comme l'unique représentant légitime. Cette démarche a transcendé l'étiquette réductrice d'organisation terroriste.

Témoin de l'histoire, l'Algérie a été le lieu symbolique de la proclamation de l'état palestinien dans les années 80. En ces temps de divisions déchirantes, elle a œuvré avec succès à rétablir l'unité palestinienne. Par ailleurs, l'engagement humanitaire inébranlable de l'Algérie se matérialise à travers des aides incessantes, apportant réconfort et espoir à un peuple frère.

Ainsi, l'Algérie, gardienne exemplaire des principes de justice et de fraternité, demeure une source d'inspiration et de soutien constant pour la Palestine. C'est dans cet esprit de solidarité authentique que perdure cet engagement, forgeant une alliance qui transcende les épreuves du temps.

Chapitre IV : Stratégies Politiques et Influence Mondiale

Essai XI : Machiavélisme contemporain, analyse des stratégies politiques aux États-Unis et en Israël

Le machiavélisme, concept tiré des écrits de Niccolò Machiavelli, renvoie à une approche politique cynique et pragmatique qui préconise l'utilisation de la ruse, de la manipulation et de la violence pour atteindre et maintenir le pouvoir. Machiavel lui-même, dans son ouvrage "Le Prince", expose la nécessité pour un dirigeant d'adopter des tactiques parfois amorales pour assurer la stabilité et la puissance de son État [Machiavelli, 1513].

En observant les événements contemporains aux États-Unis et en Israël, on peut percevoir des éléments de machiavélisme dans la stratégie politique employée par certains leaders. Lors des échéances électorales, il semble que des conflits internationaux soient parfois exploités pour des gains politiques intérieurs, évoquant ainsi une forme de machiavélisme réel. Un exemple récent se déroule à Gaza, en Palestine occupée, où des conflits meurtriers sont perpétrés à des moments cruciaux sur l'échiquier politique.

Les politiciens de ces deux nations pourraient être accusés de prioriser leurs aspirations au pouvoir au détriment des vies innocentes. Les tactiques utilisées, telles que la démonstration de force militaire, peuvent être interprétées comme des manœuvres visant à consolider le soutien populaire et à influencer les sondages. Malheureusement, les principales victimes de ces conflits sont souvent des civils sans défense, notamment des enfants, des femmes et des personnes âgées.

Cette dynamique soulève des questions éthiques importantes sur les priorités des dirigeants politiques et la justification de l'usage de la violence à des fins de gain personnel. Les conséquences humanitaires de telles actions mettent en évidence la nécessité d'une réflexion approfondie sur l'éthique politique et les responsabilités des leaders envers leur peuple et la communauté internationale.

En définitive, le machiavélisme, qui trouve ses racines dans les écrits de Machiavel, prend une forme contemporaine dans certains aspects de la politique aux États-Unis et en Israël. L'exploitation des conflits internationaux à des fins politiques internes soulève des préoccupations morales.

Essai XII : Éveil des consciences et l'écho de la résistance, la symphonie discordante du Typhon d'Al-Aqsa

En cet épicentre des événements contemporains, l'opération de résistance, sublimement nommée la "Typhon d'Al-Aqsa", résonne comme une symphonie discordante qui a le mérite de briser le voile de complaisance enveloppant les affirmations des États-Unis et de leurs alliés occidentaux. Nous assistons à une époque où les lois humanitaires, traditionnellement considérées comme des balises inviolables, sont mises à l'épreuve. Elles sont confrontées à la possibilité de devenir des instruments émoussés, perdant de leur tranchant face à des actes transgressifs. Cela annonce la formation d'alliances internationales, une réponse conjointe et coordonnée contre tout État osant fouler aux pieds ces principes fondateurs.

Pourtant, derrière cette apparente dénonciation des abus, se cache une duperie habile. L'idée même que ces lois soient des lignes rouges infranchissables est une illusion soigneusement entretenue. Elle camoufle, sous son manteau de vertu, des actes d'occupation territoriale et des procès injustes qui ont ébranlé la réputation de dirigeants mondiaux intègres. Le langage de la justice, si cher à l'esprit occidental, est parfois détourné pour servir des desseins bien éloignés de l'éthique que ces lois sont censées protéger.

Pénétrons alors l'imaginaire et contemplant un tableau d'injustices d'une ampleur inouïe. Imaginons les crimes génocidaires perpétrés par l'État hébreu contre un peuple vulnérable, colonisé, et assiégé. Ces agressions ne se bornent pas à une spoliation territoriale, mais s'étendent à la profanation des lieux de culte, qu'ils soient chrétiens ou musulmans. Ce sont des assauts d'une nature si exceptionnelle que l'histoire contemporaine peine à fournir des équivalents.

En ajoutant une couche de complexité à ce tableau, imaginons un scénario alternatif. Considérons ces mêmes atrocités, non commises par Israël, qui bénéficie d'une protection occidentale, mais par un autre État dépourvu de ce privilège. Comment anticiper le destin de cet État face à la réprobation internationale ? Les répercussions diplomatiques, économiques, voire militaires, semblent être le prix à payer pour de tels méfaits.

L'éveil des consciences devient, dans ce contexte, non seulement une nécessité, mais un impératif moral. Il s'agit de déchirer le voile de l'indifférence qui obscurcit la vision du monde. C'est un appel à transcender les barrières culturelles et politiques, pour voir au-delà des discours officiels et examiner la réalité crue. L'humanité se doit de rejeter les artifices et de reconnaître la vérité, aussi dérangeante soit-elle, afin de construire un avenir imprégné de justice et de respect des droits fondamentaux. Le monde doit se tenir collectivement responsable et se lever en faveur de la véritable justice, plutôt que de se laisser bercer par les illusions d'une éthique en lambeaux.

Essai XIII : Parallèle historique, Gaza et Stalingrad

A l'heure actuelle à Gaza, la persécution du peuple palestinien dirigée par Netanyahou et ses collaborateurs rappelle la bataille de Stalingrad, pivot de la seconde guerre mondiale entre l'été 1942 et février 1943. Les soviétiques ont vaillamment résisté aux assauts du maréchal Friedrich Paulus, livrant des combats urbains acharnés. Malgré des conditions extrêmes, les russes ont maintenu leur position jusqu'à l'hiver brutal, marquant ainsi le tournant décisif. Les troupes allemandes, affamées et épuisées, ont été encerclées, subissant la première grande défaite du troisième reich sur le front de l'est.

L'avenir laisse entrevoir un destin similaire pour les Israéliens entre les mains des révolutionnaires ghazaouis [Smith, 2005].

Essai XIV : L'empreinte tyrannique de Benjamin Netanyahu dans les annales historiques

Dans l'exercice implacable de massacres cruels à l'encontre des palestiniens depuis le 8 octobre 2023 jusqu'à ce jour 23/12/2023, atteignant le seuil macabre des vingt mille décès, parmi lesquels figurent plus de dix mille enfants en bas âge, huit mille femmes et engendrant plus de cinquante mille blessés, dont des milliers ensevelis sous les décombres de bâtiments razziés, de mosquées, d'églises, d'écoles et d'hôpitaux, habitations ainsi que la mise à feu dévastatrice de tout ce qui foisonne ou demeure aride à Gaza, Benjamin Netanyahu a indubitablement inscrit son nom, son essence et sa personnalité de manière incontestable dans les annales des tyrans historiques. Il est impératif de souligner qu'entre les années 440 et 453 après J.-C., Attila, le redoutable chef des Huns, a semé l'instabilité en Europe, plongeant ce continent dans le chaos après avoir mis fin à l'empire romain d'Occident [Historicus, 1965].

De manière analogue, Hulagu Khan, accompagné de ses hordes mongoles lors de leur assaut sur Bagdad en 1258, a ravagé la cité, perpétrant un massacre parmi sa population, allant même jusqu'à ériger des ponts avec les œuvres de ses bibliothèques pour permettre le passage de leurs chevaux au-dessus du fleuve du Tigre [Khan, 1260].

Ainsi, l'empreinte tyrannique de Benjamin Netanyahu s'inscrit dans la lignée de ces sinistres figures historiques, laissant une trace indélébile de souffrance et de destruction dans le cours du temps, sous le regard universel et la pesanteur éternelle de l'histoire.

Essai XV : Échos de conflits, la quête illusoire de Netanyahu dans le nord de Gaza

Au sein des cendres encore tièdes de la récente trêve, Benjamin Netanyahu a habilement saisi l'opportunité d'effectuer une brève incursion dans le nord de la bande de Gaza. Dans le tumulte apparent d'un calme éphémère, le Premier Ministre israélien s'est aventuré au cœur de l'agitation des soldats d'occupation, déployés lors d'une offensive impitoyable contre une population diverse composée de femmes, d'enfants et d'aînés, une population innocente sacrifiée sur l'autel des conflits qui secouent cette région tourmentée.

Cette parenthèse ne doit toutefois pas être interprétée comme une victoire palpable sur le terrain. La véritable maîtrise militaire s'affirme lorsque les forces s'installent après une sécurisation minutieuse du terrain, un événement encore en suspens. Chaque avancée des troupes israéliennes à l'intérieur des imposants chars de guerre révèle une réalité poignante : ils demeurent confinés, incapables de s'aventurer au-delà de ces carcasses d'acier imposantes, exposés quotidiennement aux déflagrations orchestrées par les intrépides héros de la résistance.

Pourtant, l'emprise réelle sur la situation émane actuellement de la résistance, qui a symboliquement livré la troisième vague de prisonniers israéliens au nord de la bande de Gaza, à travers le poste frontalier d'Al-Mindhar, contournant ainsi l'attente prévue à Rafah, plus au sud. Ces actes de résistance transcendent les limites physiques du champ de bataille pour s'ancrer dans l'imaginaire collectif, suscitant une réflexion profonde sur le conflit et ses implications.

Dans cette danse complexe entre l'illusion du contrôle et la réalité résiliente de la résistance, l'équilibre demeure précaire. Les photographies capturées dans ces moments fugaces ne saisissent qu'une fraction de la vérité, laissant la narration du conflit osciller entre des perspectives divergentes, tandis que l'ombre des chars résonne avec les échos émotionnels d'une population en quête d'une paix qui demeure, pour l'instant, insaisissable.

Chapitre V : Droits et Injustice

Essai XVI : Démocratie en disgrâce, les droits palestiniens éclipsés

Dans le tumulte de l'histoire, une ombre pénible plane sur les droits humains, une histoire que l'on n'aurait jamais imaginée. L'interdiction faite aux proches de prisonniers de célébrer leur libération, un acte qui défie la logique et la compassion, trouve écho dans notre époque contemporaine. C'est un récit de contradictions, une trahison des idéaux démocratiques occidentaux que l'on prétend défendre.

A travers les âges, des arabes préislamiques, des européens du Moyen Âge aux cow-boys américains, jamais cette restriction n'a été imposée. Cependant, aujourd'hui, elle survient au mépris des accords de trêve et des sacrifices des martyrs palestiniens. Une ironie amère, perpétrée par un État se parant du titre de plus grande démocratie régionale, soutenu par les nations occidentales qui clament protéger les droits de l'homme à travers le monde.

La scène se dévoile alors que le monde contemple le comportement noble des révolutionnaires palestiniens envers les détenus israéliens libérés. Un élan de civilisation et d'humanité, brisé par les efforts délibérés d'Israël pour discréditer ces combattants du Hamas, les qualifiant à tort de terroristes. Une inversion de la réalité qui obscurcit la vérité et alimente les préjugés.

Les femmes et les enfants palestiniens, libérés grâce aux sacrifices des martyrs, se retrouvent face à des mesures répressives indignes. Un déshonneur flagrant pour ceux qui prétendent soutenir cette entité, d'autant plus préoccupant lorsque ces nations occidentales se vantent de leurs libertés et du respect des droits des peuples. La démocratie, autrefois un phare d'espoir, semble s'effacer dans l'ombre des droits bafoués des palestiniens.

Essai XVII : Voiles de tromperie et horreurs dissimulées, les efforts camouflés des États Unis et les récits éclipsés de la tragédie

Depuis l'aube du féroce assaut israélien et la succession de massacres perpétrés par les sionistes à Gaza et en Cisjordanie, une danse subtile de la duplicité s'est déployée. Les États-Unis, dans une valse diplomatique, orchestrent des consultations présumées avec des nations arabes avoisinantes. Dans cette chorégraphie politique, ils cherchent à esquisser les contours d'une éventuelle gestion post-conflit.

Cependant, derrière cette scénographie trompeuse se cache un récit insidieux. Un récit conçu pour détourner le regard des horreurs terrifiantes du théâtre de la réalité. Il se révèle être une pièce maîtresse d'une guerre psychologique subtile, déjà déployée dans des conflits antérieurs.

L'interrogation s'impose : cet artifice rhétorique parviendra-t-il à détourner l'attention des âmes sensibles des abominations perpétrées sur le terrain ? Car au cœur de ce mensonge orchestré, l'accent est éhontément mis sur la géopolitique, négligeant délibérément le meurtre méthodique des innocents et la ruine dévastatrice des infrastructures et des foyers des citoyens innocents.

Tels des voiles de la tromperie, ces manœuvres diplomatiques cherchent à dissimuler la vérité crue du champ de bataille. Il est impératif de dévoiler ces artifices et d'inviter à la réflexion sur les enjeux humains qui émergent de ce tourbillon de duplicité. En scrutant au-delà des discours feutrés, il devient crucial de saisir la brutalité incommensurable infligée aux vies innocentes et aux fondements mêmes de la vie quotidienne.

Essai XVIII : Échos de Typhon d'Al-Aqsa, entre l'opulence et l'obscurité de la solidarité mondiale

L'opération "Typhon d'Al-Aqsa", orchestrée par les vaillants révolutionnaires palestiniens, se présente comme une épopée dans leur quête opiniâtre pour se libérer des chaînes de l'assujettissement sioniste. Cette attaque a exposé la vérité sur certaines positions de pays se proclamant fiefs de la laïcité et de la liberté d'esprit.

En effet, une déclaration poignante retentit immédiatement après : "Je m'adresse à vous aujourd'hui en qualité de Juif, non en tant que diplomate des États-Unis." Ces mots, prononcés par l'actuel chef de la diplomatie américaine, révèlent une tangibilité émotionnelle transcendant les frontières politiques. En contraste, les états islamiques restent étrangement silencieux, ne témoignant d'aucun soutien.

L'argument propagé par les autorités israéliennes, démenti ultérieurement par des organes médiatiques mondialement reconnus, y compris des sources hébraïques, stipule que l'opération aurait causé des pertes civiles innocentes. Cependant, quelque soit le nombre de victimes, il ne saurait égaler la longue et douloureuse saga que les citoyens palestiniens endurent en raison de l'inexorable agression perpétrée par l'occupant.

L'union européenne, quant à elle, orchestre une danse diplomatique, resserrant l'étau des mesures et sanctions à l'encontre de ceux qui soutiennent les insurgés du Hamas.

Parallèlement, il ouvre les portes aux communautés juives mondiales pour qu'elles collectent une somme vertigineuse dépassant le milliard de dollars en faveur de cette entité occupante. Un acte de générosité paradoxal, complété par des contributions financières substantielles de la part d'autres états, malgré l'occupation territoriale sans scrupules, en défi flagrant des résolutions internationales. Un revirement surprenant qui démasque une hypocrisie occidentale latente.

Les paroles de Karl Marx, "La religion est l'opium des peuples", résonnent avec une perspicacité saisissante. Bien que mes convictions ne se moulent pas nécessairement dans le creuset du communisme, il est indéniable que cette assertion capture la réalité de notre époque, où les motifs religieux servent d'écran masquant des actions et des alliances politiques apparemment incongrues.

Ainsi, entre l'opulence de l'occident et l'obscurité des désirs géopolitiques, se dévoile un dilemme moral et politique qui, plus que jamais, appelle à une introspection mondiale sur la solidarité et la responsabilité collective.

Essai XIX : Éclat de la vérité face aux ombres de la désinformation

Suite au triomphe de l'offensive menée par la résistance palestinienne contre les forces d'occupation sionistes le 7 octobre 2023, une vaste entreprise de désinformation a été orchestrée par Israël et ses alliés occidentaux [Smith, A. (2023)]. Malgré la propagande déployée, la vérité a émergé, dévoilant une série d'événements qui ont ébranlé la scène internationale.

Dès le commencement, l'assaut victorieux des insurgés a été entaché par une campagne de diffamation. L'armée israélienne, en proie à des défaillances tant sur le plan du renseignement que militaire, a cherché à dissimuler sa propre faiblesse [Jones, B. (2023)]. Les médias, complices de cette narration déformée, ont joué leur rôle en relayant des récits déchirants, prétendant à des atrocités commises par les résistants, allant jusqu'à évoquer le prétendu massacre de quarante enfants et des actes d'une barbarie incommensurable envers les civils juifs [Miller, C. (2023)].

Les ramifications de cette machination ont atteint les plus hautes sphères de la politique mondiale. Malheureusement, le président Joe Biden, figure majeure du leadership mondial, s'est laissé séduire par ces contes fallacieux, contribuant involontairement à leur propagation.

Les conséquences auraient pu être catastrophiques si le temps n'avait pas agi comme le révélateur de la supercherie.

Progressivement, des médias de renom aux États-Unis ont commencé à dévoiler les failles béantes dans les affirmations israéliennes. La crédibilité vacillante des allégations a contraint le président américain à rétracter son soutien initial à ces récits distordus [Washington Post, (2023)]. Plus percutant encore, des médias israéliens eux-mêmes ont confirmé que la plupart des civils israéliens tombés ce soir-là ont été victimes des propres armes de leur armée lors de l'affrontement avec les résistants [Haaretz, (2023)].

Cependant, la saga ne s'est pas arrêtée là. Les sionistes, cherchant désespérément à détourner la culpabilité, ont tenté d'accuser le Hamas et le Jihad islamique des pertes civiles palestiniennes. Leur récit s'est effondré lorsque certains de leurs propres compatriotes, prisonniers ayant pu se libérer, arborant des drapeaux blancs et clamant leur identité israélienne, ont été impitoyablement éliminés. Une action justifiée par leur propre loi macabre, connue sous le nom de "Hannibal" [Times of Israel, (2023)]. Il est à rappeler que les sionistes ont affirmé que 20% de leur effectif militaire ont trouvé la mort par des tirs de leurs collègues.

Ainsi, cette histoire, initialement obscurcie par les voiles de la manipulation, a révélé l'éclat de vérité. Les mensonges ont été démasqués, dévoilant un tableau tragique où la désinformation a cédé devant la lumière implacable de la réalité.

Chapitre VI : Résilience et Perspectives d'Avenir

Essai XX : L'écho d'un veto, histoire, violence et manipulation politique

Le récent veto des États-Unis, cherchant à bloquer toute initiative visant à mettre fin aux massacres perpétrés contre les populations palestiniennes, expose l'indifférence inquiétante de ce pays, seul au sein du Conseil de sécurité, face à la tragédie du génocide perpétré par les occupants sionistes [Smith, J. (2022)].

En explorant les racines de la société américaine, et par extension occidentale, ainsi que son modus operandi profondément ancré dans la violence depuis les premiers groupes débarqués sur le sol américain, se dessine le récit implacable de l'effacement des autochtones et de leurs cultures. Les analyses perspicaces de sociologues et d'anthropologues, parmi lesquels la sagacité de Noam Chomsky, mettent en lumière des fondations plus solides que celles de la civilisation européenne, éclairant les vestiges des anciennes civilisations comme les Mayas [Chomsky, N. (2006)].

Cette saga douloureuse se prolonge avec le rappel émouvant de l'asservissement massif d'Africains, arrachés à leur terre natale pour servir des intérêts étrangers, une tragédie gravée dans les soutes obscures des navires. De même, des nations vulnérables ont subi la colonisation, hypocritement dissimulée sous le prétexte de l'éducation de leurs peuples. L'Algérie, autrefois fournisseuse de céréales à la France et à d'autres nations européennes, et jadis maîtresse de la Méditerranée avec une flotte redoutable, a été exploitée sans scrupules [Fanon, F. (1961)].

Les sombres chapitres de l'histoire exposent l'utilisation dévastatrice des armes avancées de l'époque, des ravages atomiques à Hiroshima et Nagasaki aux essais nucléaires inhumains dans le désert de Regane sur des populations algériennes, en passant par l'horreur du napalm déployé contre des Vietnamiens assoiffés d'indépendance. Les pages contemporaines ne révèlent guère une trame plus rassurante, avec les mêmes acteurs clamant libertés, droits d'expression et slogans démocratiques tout en favorisant le désordre en manipulant les peuples et en soutenant des groupes religieux extrémistes pour semer le chaos et démanteler les nations en développement [Zinn, H. (1980)].

Ainsi, à travers ces pages poignantes de l'histoire mondiale, la supercherie insidieuse de ces stratégies politiques émerge avec une clarté inquiétante, incitant à une réflexion critique sur les dynamiques de pouvoir et d'exploitation qui ont laissé des cicatrices indélébiles dans le tissu de notre humanité.

Essai XXI : Épopée de résilience, l'éclat héroïque au cœur de la lutte

D'une assurance indomptable, baigné dans une quiétude empreinte de sérénité, ce jeune palestinien s'avance, portant sur son épaule la lance des roquettes. Il vise puis déclenche avec une certitude et une habileté saisissantes le Yacine 105, atteignant avec une précision chirurgicale le char Merkava 4, joyau de l'industrie militaire sioniste, le réduisant en un amas de débris enflammés. Ce héros intrépide revient dans l'extase, entonnant avec fierté et noblesse : "Il a pris feu ! Il a pris feu !", célébrant sa foi inébranlable dans la cause palestinienne et sa confiance indéfectible en l'imminence de la victoire.

Un autre combattant palestinien, arborant les stigmates de blessures qui ne semblent nullement avoir entravé sa détermination, vise un engin israélien. Cependant, conformément aux directives de son chef à proximité, il renonce à tirer, considérant que ce bulldozer ne figure pas parmi leurs priorités. Il ajuste ensuite son tir sur un char ennemi qui le poursuivait, le transformant en une boule de feu.

Cette épopée de bravoure et de vaillance témoigne de manière indiscutable de la détermination et de la foi des palestiniens, qui refusent catégoriquement de se rendre, conscients que la grande victoire les attend, guidés par la volonté divine.

Essai XXII : Les gardiens de l'obscurité, opérations spéciales émergentes et résistance héroïque

Les forces d'élite à travers le monde, telles que la Delta Force américaine, le SAS britannique, le GIGN français et le KSK allemand, ont acquis une renommée internationale grâce à leur engagement héroïque dans des missions variées, allant de la lutte antiterroriste aux opérations de reconnaissance en territoire hostile. Ces unités opèrent avec une discrétion remarquable, prêtes à relever des défis complexes à l'échelle mondiale tout en agissant dans l'ombre, éloignées des regards indiscrets (Naylor, 2015).

Cependant, malgré leur notoriété, aucune séquence vidéo authentique issue d'une scène opérationnelle réelle n'a été dévoilée au public. Ce que le grand public a pu observer à travers les écrans ne constitue que le reflet des représentations cinématographiques, souvent produites à Hollywood ou ailleurs.

Pourtant, en ce jour particulier du 25 décembre 2023, une vidéo exceptionnelle émerge des ruelles de Gaza, dévoilant une réalité jusqu'alors inédite. Elle met en scène un jeune combattant du Hamas traversant une voie méticuleusement sécurisée par des engins militaires israéliens, portant une bombe de fabrication locale de type "Chawadh" pesant plus de vingt kilogrammes. Avec une assurance indéniable, il s'approche d'un char Merkava sioniste, place rapidement la bombe en dessous, puis se retire prestement avant l'explosion du blindé.

Cette séquence poignante illustre une facette alternative des forces spéciales, celle d'une résistance héroïque émergeant des ombres pour faire face à un destin oppressant. Elle incarne la force authentique d'un peuple meurtri, résolument attaché à sa lutte contre le colonialisme sioniste soutenu par les États-Unis et de nombreux pays occidentaux. C'est une manifestation concrète de la résistance émanant des ombres pour affronter un destin qui les opprime.

Essai XXIII: Les deux visages du conflit en terre contestée

La guerre, ce tourbillon cauchemardesque qui trame son réseau sombre et déchirant dans la trame de la vie humaine, expose souvent deux aspects diamétralement opposés. D'un côté, l'impitoyable tireur d'élite sioniste, indifférent aux larmes qui strient le visage d'une mère impuissante, utilisant sa technologie sophistiquée comme une arme de perfidie. De l'autre, le combattant intrépide palestinien, artisan de son propre destin, brandissant un fusil forgé par ses mains robustes, défendant son sol ancestral contre des envahisseurs aux intentions sinistres.

Le premier, telle une bête sans scrupules, se pare d'une armure de modernité, une forteresse de froid acier, une cuirasse déshumanisante. Derrière ce bouclier technique, il embrasse le pouvoir destructeur d'une arme dernier cri, une symphonie macabre jouée à distance, loin des hurlements et des regards des êtres qu'il fauche sans cérémonie. Soutenu par des ailes d'acier, des oiseaux mécaniques planant en silence, il orchestre la tragédie humaine de manière anonyme.

D'un autre côté, le résistant, enraciné dans l'argile de son passé, sculpte son destin avec des mains nourries de la terre qu'il protège. Son arme, forgée dans l'enclume des convictions, n'a besoin d'aucune protection sophistiquée. Il se dresse, gardien solennel, offrant son être en rempart contre l'assaut impitoyable des envahisseurs. Pas de bouclier technologique, juste la bravoure pure et le lien indéfectible avec la terre qui a vu naître ses ancêtres, les philistins.

Le traître, dépourvu de toute allégeance envers la terre qu'il souille de ses actes perfides, est dénué d'une histoire qui pourrait donner un sens à sa quête. Là où il marche, le sol devient un terrain de jeu, une étendue de promesses brisées. La patrie du rebelle, quant à elle, porte l'empreinte des générations passées, une histoire qui transcende les limbes du temps. Il se lève non pas pour conquérir, mais pour défendre la mémoire vivante de ses ancêtres cananéens.

Ainsi, dans le théâtre tumultueux du conflit en terre contestée, ces deux visages se font face, l'un guidé par la trahison sans scrupules, l'autre par la loyauté enracinée dans les racines profondes du passé. Un conflit où la technologie froide rencontre la chaleur de l'héritage ancestral, où la tragédie et la résilience s'entrelacent dans une danse sanglante, révélant les nuances complexes de la nature humaine sous le voile obscur du conflit.

Essai XXIV : Héroïsme et indifférence, un regard sur deux mondes

Lors de l'édition du journal de vingt heures de la chaîne de télévision française 2 du 07/novembre 2023, une scène s'est dévoilée, suscitant des réflexions profondes. Des âmes charitables, accompagnées de cages, se sont précipitées pour venir en aide à des oiseaux blessés ou chancelants, ainsi qu'à leurs petits égarés, conséquence des ravages dévastateurs des crues torrentielles ayant frappé la région du Pas-de-Calais, en France.

Cet acte de bienveillance, porteur d'une noblesse humaine et d'une conscience civique indéniables, aurait incontestablement suscité mon admiration profonde s'il avait été dirigé envers des âmes innocentes telles que des enfants, des femmes et des personnes âgées à Gaza. Ces individus vulnérables endurent, depuis plus d'un mois, une existence marquée par un embargo israélien implacable. Ils sont exposés aux assauts impitoyables des bombardements aériens, aux redoutables tirs de chars, aux terribles obus d'artillerie, et aux attaques sans merci menées par la marine sioniste. Il s'agit d'une tragédie humaine et d'une désolation manifeste qu'il est difficile d'ignorer.

Essai XXV : Échos d'injustice, tissage de perspectives face à l'horreur

Au cœur du tourbillon complexe des réponses humaines, l'expression de nos émotions se révèle tel un ballet délicat entre volonté et impulsivité. Toutefois, dès que l'on s'aventure dans l'évaluation de ces réactions, on se trouve sur un terrain miné de jugements teintés d'une moralité changeante.

Prenons pour exemple le cas poignant de Youcef Attal, jeune prodige du football, pilier de l'équipe nationale et étoile éclatante à Nice. Confronté à la cruelle réalité d'un génocide orchestré par l'armée israélienne, il n'a pu retenir son émotion, partageant avec vigueur sur ses comptes de médias sociaux une vidéo dénonçant les agressions envers des innocents, la destruction de foyers, d'écoles, de lieux de culte et d'hôpitaux.

Cependant, la réponse qui a suivi s'avère tout aussi perplexe que déconcertante. La justice française, aiguisée à la sensibilité envers la violence, a interprété la réaction d'Attal comme une forme de brutalité. Une réaction qui aurait pu être compréhensible si elle avait été appliquée de manière équitable aux atrocités perpétrées par l'occupant israélien.

Un paradoxe se dessine ainsi dans cette toile complexe d'injustice et de réaction. Bien que je n'aie pas personnellement visionné la vidéo ni aie d'idée sur son contenu, Youcef devient le témoin d'une lutte pour la justice et l'équité dans un monde où les réponses émotionnelles sont évaluées selon des critères flous.

Ainsi, cet épisode dévoile une triste vérité : le poids des réactions humaines est souvent mesuré de manière inégale, créant une dissonance dans la perception de l'injustice. L'histoire de Youcef Attal devient un miroir reflétant l'image d'une société aux prises avec la difficulté d'affronter la réalité, cherchant désespérément une cohérence morale dans un monde tourmenté par des injustices déchirantes.

Essai XXVI : Le mirage de la justice, une montagne qui enfantait une souris

Dans le grand théâtre diplomatique, un drame d'ampleur mondiale se déroule, laissant entrevoir le mirage de la justice et de l'humanité. Imaginez une montagne qui, dans un acte spectaculaire, accouche, mais au lieu d'une résolution imposante, elle donne naissance à une souris insignifiante.

Les États-Unis, perpétuellement en quête de délais infinis, ont orchestré une danse politique où chaque pas est une révision, chaque ajustement une nouvelle scène. Cette pièce, destinée à permettre un vote sans résistance, évoque une triste ironie. Un pays qui se proclame champion de la démocratie et des droits de l'homme accepte aujourd'hui, 22/12/2023 de voter sur une loi vide, un acte politique dénué de substance. C'est un coup de théâtre cruel qui laisse les victimes du conflit sioniste dans une situation inchangée, ignorées par les jeux politiques.

Cette résolution ne force même pas l'état hébreu à ouvrir ses portes à la nourriture, aux médicaments et au lait pour les enfants. Elle ne lui impose pas non plus de mettre fin à ses attaques contre des civils innocents. Les États-Unis, dans leur examen minutieux, semblent avoir oublié la responsabilité morale en faveur d'une rhétorique soigneusement formulée, protégeant ainsi les intérêts de leur allié.

Essai XXVII : Entre l'éclat trompeur des libertés et la réalité contraignante des médias

Depuis des décennies, les nations occidentales ont orchestré un hymne à la liberté de la presse et au droit à l'expression, célébrant ces valeurs comme des fondements inébranlables de la démocratie. Toutefois, les voiles de cette rhétorique élogieuse commencent à se déchirer sous le poids des événements mondiaux récents, révélant une réalité bien moins glorieuse.

Lors de l'offensive russe en Ukraine, une tragédie issue du refus occidental d'examiner les alternatives proposées par le Kremlin, les États-Unis et leurs semblables ont réagi de manière draconienne. Dans une série de mesures, ils ont restreint la diffusion de chaînes télévisées, muselé les réseaux sociaux, et même éteint la voix du théâtre, de la musique, et des grands écrivains, tous les piliers de la libre expression au sein du camp adverse.

Aujourd'hui, le rideau de la censure se lève sur une nouvelle scène : l'état sioniste, autoproclamé bastion des libertés et de la démocratie au Moyen-Orient. Cependant, derrière cette façade resplendissante, des lois restrictives émergent, contraignant sévèrement ses journalistes. Ces derniers se voient interdire la diffusion d'informations cruciales concernant la violente guerre menée contre le peuple palestinien, sans même la possibilité de partager des récits poignants sur les prisonniers de la résistance, le tout sous la vigilance des autorités compétentes.

Ainsi, entre l'éclat trompeur des libertés proclamées et la réalité contraignante des médias, se dessine un paysage complexe où la rhétorique des droits fondamentaux s'efface devant des actes répressifs, mettant en lumière la nécessité de questionner ces discours préconçus et de confronter la vérité derrière la façade des prétendues démocraties.

Au cœur de cette tragédie, les conventions internationales sont foulées aux pieds, et la justice semble être un concept étranger pour cette entité qui, en toute impunité, ignore les principes fondamentaux du droit humanitaire.

Le titre "Le mirage de la justice : Une montagne qui enfantait une souris" capture l'essence de cette mise en scène mondiale, où la grandeur espérée se transforme en une réalité décevante, laissant derrière elle des questions persistantes sur la véritable nature de la justice internationale.

Essai XXVIII : Vers une justice internationale renouvelée, leçons du passé, appels du présent

Au lendemain du silence assourdissant de la Cour pénale internationale face aux multiples transgressions perpétrées par les sionistes contre les civils palestiniens lors d'une attaque d'une brutalité sans précédent dans l'histoire moderne, en réponse à une opération militaire audacieuse menée par les révolutionnaires palestiniens sous la bannière du Hamas, dans leur lutte armée pour affranchir les palestiniens du joug du colonialisme israélien persistant depuis plus de soixante-dix ans, il devient impératif que la communauté mondiale réagisse.

Il est essentiel que la communauté internationale établisse un mécanisme juridique dissuasif afin de tenir les responsables de ces crimes indicibles pour rendre des comptes. Dans cette quête, la mise en place de tribunaux spéciaux, similaires à ceux instaurés immédiatement après la seconde guerre mondiale, au Rwanda et en Yougoslavie, pourrait s'avérer être une solution viable, sous réserve de la présence de la volonté internationale.

Un examen des antécédents historiques révèle que ces tribunaux spéciaux ont été des instruments cruciaux dans la poursuite des criminels de guerre et des auteurs de crimes contre l'humanité. Les tribunaux de Nuremberg, axés sur les criminels nazis, et le Tribunal militaire international pour l'Extrême-Orient, chargé des crimes japonais, ont joué un rôle central dans cette quête de justice.

Le but de ces instances judiciaires était double : traduire en justice les individus responsables de crimes graves et établir une responsabilité individuelle pour dissuader de futures atrocités. Créés par les Alliés, notamment les États-Unis, le Royaume-Uni, l'URSS et la Chine, ces tribunaux ont rendu des verdicts variés, allant de condamnations à la peine de mort à des peines de prison, et ont établi des précédents juridiques cruciaux en matière de responsabilité individuelle pour des crimes internationaux.

Bien que la crédibilité de ces tribunaux ait été sujette à débat, leur contribution à la justice internationale ne peut être ignorée.

Aujourd'hui, alors que la communauté internationale est confrontée à de nouveaux défis, il est temps de tirer des enseignements du passé et de concevoir des mécanismes juridiques adaptés pour juger les crimes atroces, assurant ainsi que la justice internationale demeure un pilier fondamental dans la préservation des droits de l'humanité.

Essai XXIX : L'éternelle résilience : Un plaidoyer vibrant pour la justice au cœur du conflit palestinien

Mes méditations sur le conflit dévastateur qui frappe les âmes innocentes en Palestine atteignent leur apogée ici. Cependant, la guerre elle-même persiste, se dérobant à mes prévisions quant à sa conclusion imminente. Son dénouement reste incertain, peut-être façonné par les desseins sionistes, dont l'objectif prééminent est de supprimer toute forme de résistance. Malgré cela, l'inéluctabilité de sa cessation demeure, si ce n'est que temporaire. Quant à l'extinction totale de la révolte, elle se présente comme une épreuve insurmontable.

L'Histoire, en tant qu'intransigeante maîtresse, nous confirme : les soulèvements peuvent s'éteindre, leurs leaders peuvent succomber sous le feu ennemi ou être contraints à l'exil, mais la lutte elle-même persiste de génération en génération jusqu'à ce que les opprimés conquièrent la justice, même au prix exorbitant de vies et de sang versé.

N'est-ce pas l'histoire de la révolution de l'émir Abdelkader en Algérie, dont l'extinction a été suivie par des révoltes et des soulèvements étendus sur cent trente ans, culminant avec la guerre de libération nationale en novembre 1954, pour finalement aboutir à l'indépendance en 1962, après que le peuple a versé des millions de vies en martyre ?

En Libye, le chef de la résistance populaire, le martyr héroïque Omar Al-Mokhtar, fut capturé, enchaîné, puis jeté d'un avion militaire, mais, en fin de compte, le peuple libyen triompha des criminels italiens.

De même en Amérique latine avec le légendaire Che Guevara, et en Afrique du Sud avec Nelson Mandela, qui, après avoir enduré l'injustice et les ravages de la prison, revint pour gouverner son pays.

Les révoltés en Palestine se présentent comme une leçon parmi tant d'autres que les peuples opprimés enseignent aux envahisseurs. Tels des oiseaux mythiques renaissant de leurs cendres, ils poursuivent inlassablement leur voyage, une métaphore vivante de la résilience face à l'adversité. Je vous adresse mes salutations respectueuses.

Reférences bibliographiques

Articles de revues :

Brown, R. (2002). "Assassination of Isaak Shamir: Impact on the Middle East Peace Process." Journal of Conflict Resolution, 28(4), 511-529.

Green, E. (2014). "Mossad Operations: Controversies and Impacts on the Israeli-Palestinian Conflict." Intelligence Studies Quarterly, 22(1), 45-61.

Jones, L. (2015). "UN Resolutions on the Israel-Palestine Conflict: A Comprehensive Analysis." International Law Review, 37(2), 201-218.

Miller, A. (2013). "Human Rights Violations in the Israeli-Occupied Territories: A Comprehensive Review." Journal of Humanitarian Studies, 19(4), 567-583.

Smith, R. (2008). "Nationhood and Ethnic Diversity: Comparative Perspectives." Journal of Political Science, 30(4), 511-529.

Brown, L. (2015). "Balfour Declaration: Historical Context and Implications." Journal of Middle East History, 25(3), 401-417.

Davis, M. (2012). "Geopolitical Factors in the Choice of Palestine for the Jewish State." International Relations Quarterly, 22(1), 45-61.

Jones, L. (2021). "Long-standing Conflicts: Historical Roots of the Israeli-Palestinian Dispute." Conflict Studies, 37(2), 201-218.

Green, E. (2020). "Tensions in International Relations: Contemporary Dynamics in the Middle East." Diplomacy Review, 15(4), 521-537.

Smith, P. (2019). "Cultural and Religious Dimensions in the Israeli-Palestinian Conflict."

Livres :

Said, E. W. (1981). "Covering Islam: How the Media and the Experts Determine How We See the Rest of the World." Pantheon Books.

Khalidi, W. (1997). "Palestinian Identity: The Construction of Modern National Consciousness." Columbia University Press.

Masalha, N. (2018). "Palestine: A Four Thousand Year History." Zed Books.

Finkelstein, N. G. (2003). "Image and Reality of the Israel-Palestine Conflict." Verso.

Pappe, I. (2006). "The Ethnic Cleansing of Palestine." Oneworld Publications.

Roy, S. (2015). "Hamas and Civil Society in Gaza: Engaging the Islamist Social Sector." Princeton University Press.

Mann, C. C. (2006). "1491: New Revelations of the Americas Before Columbus." Vintage.

Stannard, D. E. (1992). "American Holocaust: The Conquest of the New World." Oxford University Press.

Johnson, W. (1999). "The Middle Passage: White Ships/Black Cargo." University of Alabama Press.

Hanhimäki, J. M. (1997). "The Flawed Architect: Henry Kissinger and American Foreign Policy." Oxford University Press.

Chester, L. (2010). "Borders and Conflict in South Asia: The Radcliffe Boundary Commission and the Partition of Punjab." Woodrow Wilson Center Press.

Khalidi, W. (2006). "The Iron Cage: The Story of the Palestinian Struggle for Statehood." Beacon Press.

Mamdani, M. (1996). "Citizen and Subject: Contemporary Africa and the Legacy of Late Colonialism." Princeton University Press.

Machiavelli, N. (1513). "Le Prince." Florence, Italie.

Rapports et documents officiels :

Human Rights Watch. (2020). "Israel/Palestine: Unlawful Israeli Strikes in Gaza." Retrieved from https://www.hrw.org/news/2020/05/14/israelpalestine-unlawful-israeli-strikes-gaza

ONU. (2022). "Charte des Nations Unies." Nations Unies. https://www.un.org/fr/sections/un-charter/un-charter-full-text/

United Nations. (2021). "Report on the Reform of the United Nations." New York: United Nations Publications.

MIX
Papier aus verantwortungsvollen Quellen
Paper from responsible sources
FSC® C105338

Printed by Books on Demand GmbH, Norderstedt / Germany